Oficina infantil de Escritores

Hermínio Sargentim

volume 1
educação infantil

1ª edição - São Paulo - 2012

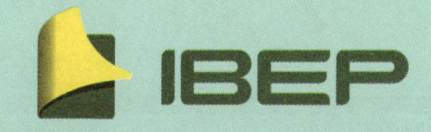

IBEP

Oficina infantil de escritores
Língua Portuguesa – Ensino infantil 1
© IBEP, 2012

Diretor superintendente	Jorge Yunes
Gerente editorial	Célia de Assis
Coordenação geral	Ricardo Soares
Edição, preparação e revisão	Aurea Faria, Malu Favret
Coordenadora de arte	Karina Monteiro
Assistente de arte	Marília Vilela, Tomás Troppmair
Coordenadora de iconografia	Maria do Céu Pires Passuello
Assistente de iconografia	Adriana Correia, Wilson de Castilho
Ilustrações	Eduardo Borges, Lie Kobayashi
Produção editorial	Paula Calviello
Produção gráfica	José Antonio Ferraz
Assistente de produção gráfica	Eliane M. M. Ferreira
Capa	Departamento de arte IBEP
Projeto gráfico e editoração eletrônica	Figurativa Editorial

2ª Reimpressão – 2015
1ª edição – São Paulo – 2012
Todos os direitos reservados

OP 46869

IBEP
Av. Alexandre Mackenzie, 619 – Jaguaré
São Paulo – SP – 05322-000 – Brasil – Tel.: (11) 2799-7799
www.ibep-nacional.com.br
editoras@ibep-nacional.com.br

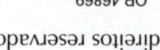

CIP-BRASIL. CATALOGAÇÃO-NA-FONTE
SINDICATO NACIONAL DOS EDITORES DE LIVROS, RJ

S2510

Sargentim, Hermínio G. (Hermínio Geraldo), 1946-
Oficina infantil de escritores : educação infantil : volume 1 / Hermínio Geraldo Sargentim. – 1.ed. – São Paulo : IBEP, 2012.
il. : 28 cm   (Oficina infantil de escritores)

ISBN 978-85-342-3462-7 (aluno) - 978-85-342-3464-1 (mestre)

1. Língua portuguesa - Estudo e ensino (Educação pré-escolar). I. Título.
II. Série.

12-4233.	CDD: 372.21	
	CDU: 372.3	
27.07.12	07.08.12	037726

APRESENTAÇÃO

MEU PEQUENO ESCRITOR,

A VIDA FICA BONITA QUANDO CONTADA.

NESTE LIVRO, VOCÊ VAI CONTAR UM POUCO DA HISTÓRIA DA SUA VIDA E DA HISTÓRIA DAS PESSOAS QUE VOCÊ CONHECE. VAI CONTAR TAMBÉM AS HISTÓRIAS QUE ESTÃO EM SUA IMAGINAÇÃO.

COM O DESENHO, VOCÊ VAI REGISTRAR, NOS TRAÇOS E NAS CORES, TODAS ESSAS HISTÓRIAS.

TUDO ISSO VAI AJUDÁ-LO A CONHECER MELHOR VOCÊ E TODOS AQUELES COM QUEM CONVIVE.

O AUTOR

SUMÁRIO

UNIDADE 1 — EU
- FICHA 1 — EU
- FICHA 2 — O QUE EU FAÇO
- FICHA 3 — MINHA CASA
- FICHA 4 — FESTA DE ANIVERSÁRIO

UNIDADE 2 — FAMÍLIA
- FICHA 1 — MINHA FAMÍLIA
- FICHA 2 — O FIM DA HISTÓRIA
- FICHA 3 — A HISTÓRIA
- FICHA 4 — UMA FAMÍLIA DIFERENTE

UNIDADE 3 — AMIGOS
- FICHA 1 — MEUS AMIGOS
- FICHA 2 — A HISTÓRIA
- FICHA 3 — CANTIGAS DE RODA
- FICHA 4 — VIAGEM

UNIDADE 4 — CONTOS DE FADAS
- FICHA 1 — JOÃO E O PÉ DE FEIJÃO
- FICHA 2 — PERSONAGENS DOS CONTOS
- FICHA 3 — EU SOU A PERSONAGEM
- FICHA 4 — A PORTA SECRETA

UNIDADE 5   VIAGENS

- **FICHA 1**   UMA VIAGEM
- **FICHA 2**   O FIM DA HISTÓRIA
- **FICHA 3**   A HISTÓRIA
- **FICHA 4**   UMA VIAGEM PELO ESPAÇO

UNIDADE 6   BRINCADEIRAS

- **FICHA 1**   EU SOU A PERSONAGEM
- **FICHA 2**   A HISTÓRIA EM QUADRINHOS
- **FICHA 3**   BRINQUEDO PREFERIDO
- **FICHA 4**   A HISTÓRIA

UNIDADE 7   ANIMAIS

- **FICHA 1**   UMA VISITA AO ZOOLÓGICO
- **FICHA 2**   EU SOU A PERSONAGEM
- **FICHA 3**   HISTÓRIA DE UM ANIMAL
- **FICHA 4**   ANIMAL DE ESTIMAÇÃO

UNIDADE 8   DESCOBERTAS

- **FICHA 1**   O GAROTO CURIOSO
- **FICHA 2**   ANTES E DEPOIS
- **FICHA 3**   EU SOU A PERSONAGEM
- **FICHA 4**   MEUS DESEJOS

EU SOU PEDRO.

EU SOU LIA.

EU SOU MÓNICA.

EU SOU MARIANA.

EU SOU JOÃO.

UNIDADE 1 EU

FICHA 1 EU

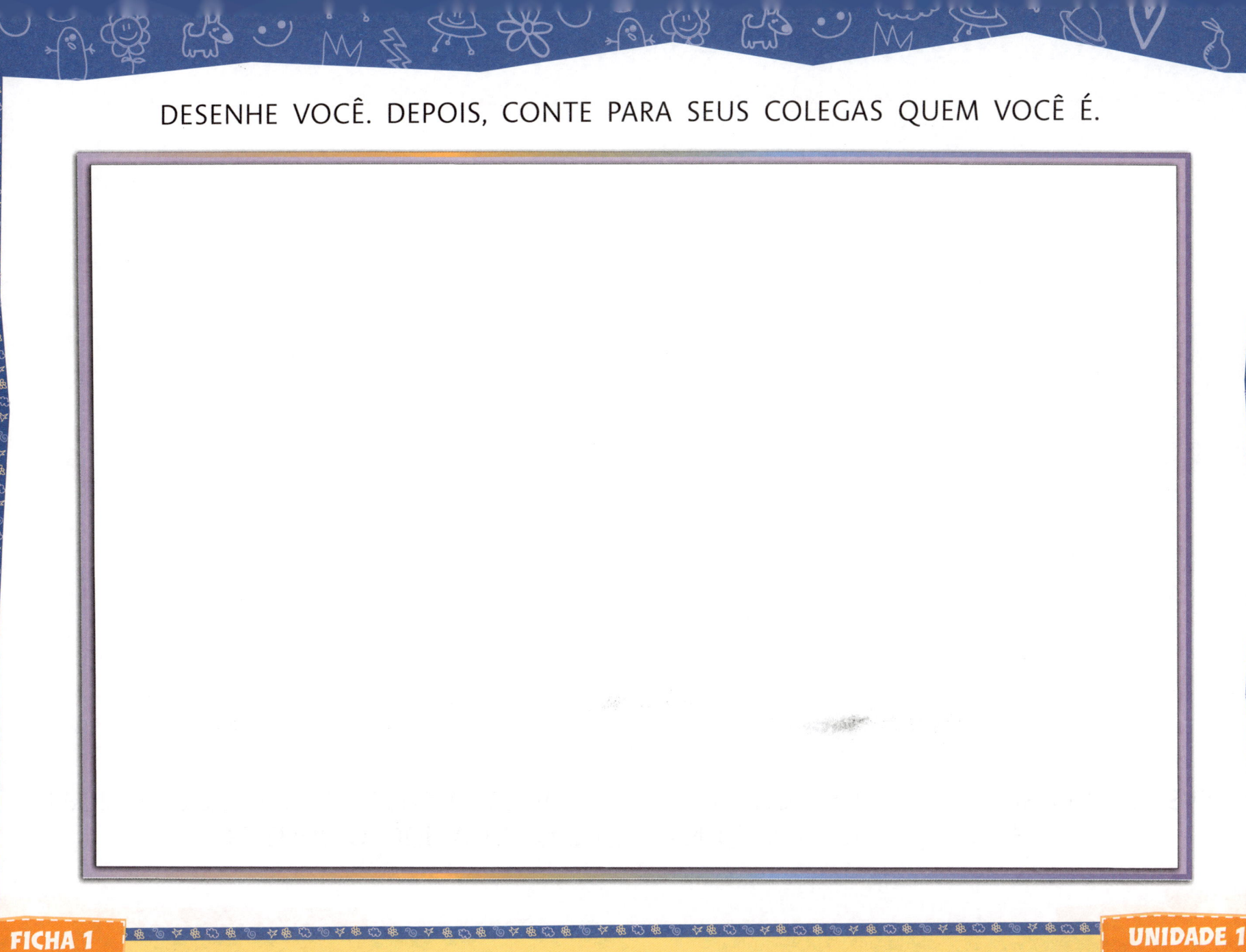

DESENHE VOCÊ. DEPOIS, CONTE PARA SEUS COLEGAS QUEM VOCÊ É.

FICHA 1

UNIDADE 1

UNIDADE 1 — EU

FICHA 2 — O QUE EU FAÇO

DESENHE O QUE VOCÊ FAZ DE MANHÃ, À TARDE E À NOITE. DEPOIS, CONTE PARA OS SEUS COLEGAS. OBSERVE SE VOCÊS FAZEM AS MESMAS COISAS.

MANHÃ

TARDE

NOITE

FICHA 2

UNIDADE 1

1 LIGUE O ANIMAL À CASA EM QUE ELE MORA.

Desenhos somente representativos. As proporções não guardam relação com a realidade.

FICHA 3 — MINHA CASA

UNIDADE 1 — EU

2 DESENHE A CASA EM QUE VOCÊ MORA.

FICHA 3

UNIDADE 1

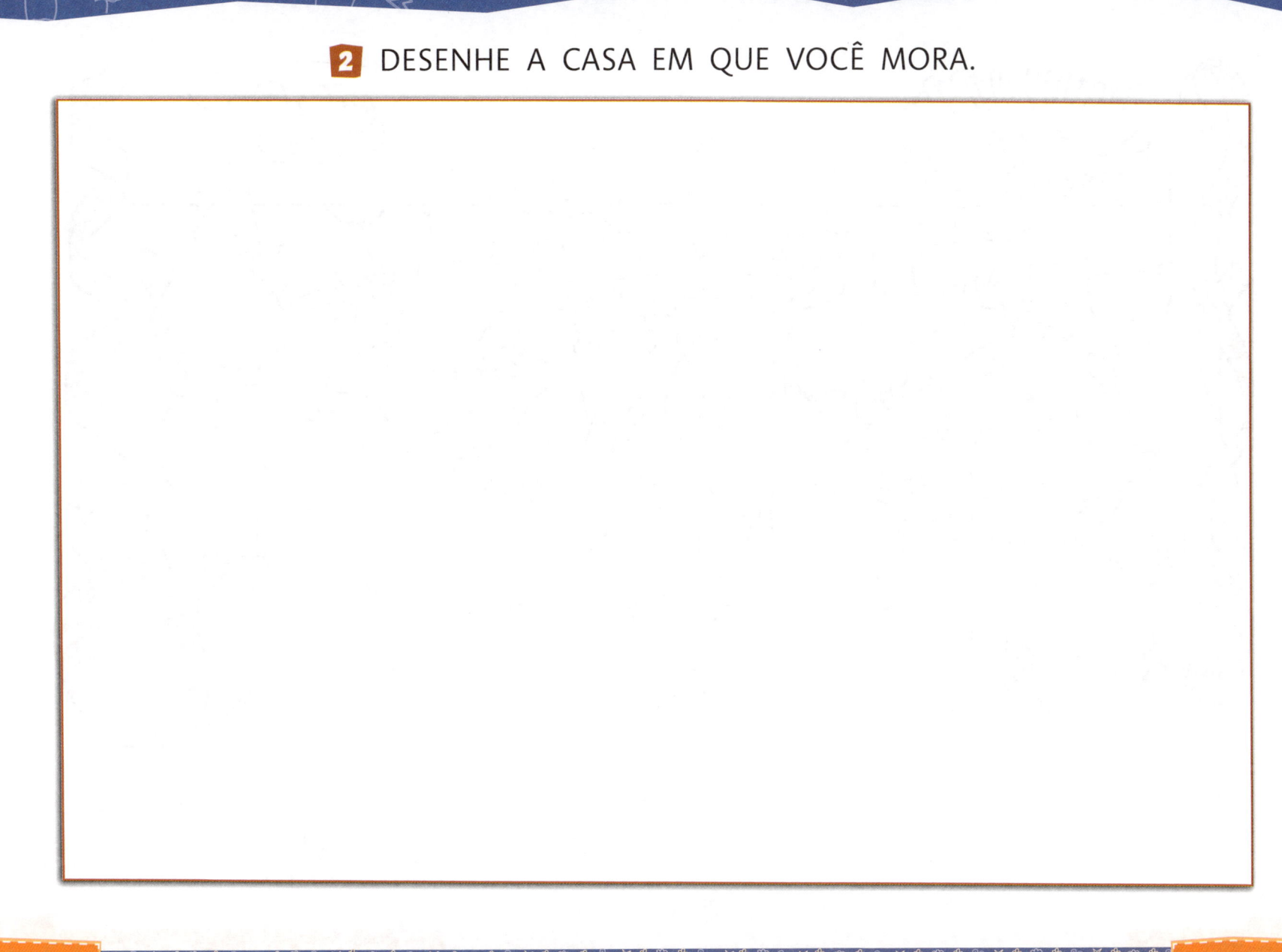

1 VOCÊ JÁ TEVE UMA FESTA DE ANIVERSÁRIO? CONTE PARA OS COLEGAS COMO FOI A SUA FESTA. DEPOIS, PINTE O DESENHO.

FICHA 4 — FESTA DE ANIVERSÁRIO

UNIDADE 1 — EU

2 DESENHE O PRESENTE QUE VOCÊ GOSTARIA DE RECEBER NO SEU ANIVERSÁRIO.

FICHA 4

UNIDADE 1

UNIDADE 2

FICHA 1 — MINHA FAMÍLIA

1 LEIA.

SOU PEQUENININHO
DO TAMANHO DE UM BOTÃO.
CARREGO PAPAI NO BOLSO
E MAMÃE NO CORAÇÃO.

2 DESENHE VOCÊ E A SUA FAMÍLIA.

FICHA 1 UNIDADE 2

FICHA 2 — O FIM DA HISTÓRIA

UNIDADE 2 — FAMÍLIA

1. COMO SERÁ QUE TERMINA A HISTÓRIA?

2 DESENHE O FIM DA HISTÓRIA.

FICHA 2 — UNIDADE 2

FICHA 3

A HISTÓRIA

OUÇA A HISTÓRIA QUE O PROFESSOR VAI CONTAR.

DESENHE O COMEÇO DA HISTÓRIA.

DESENHE O QUE ACONTECEU DEPOIS.

UNIDADE 2 — FAMÍLIA

DESENHE COMO TERMINOU A HISTÓRIA.

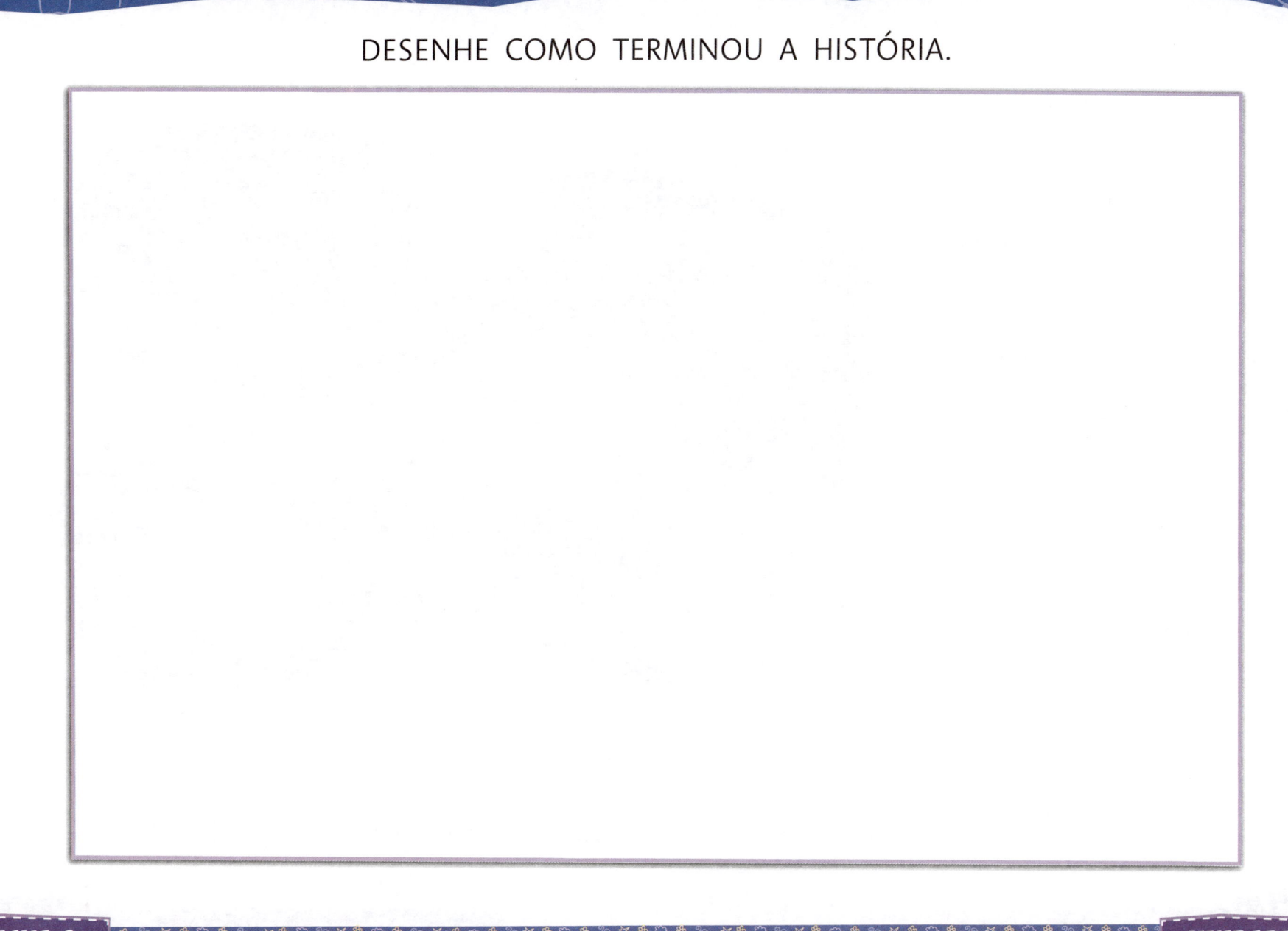

UMA FAMÍLIA DIFERENTE

FICHA 2 UNIDADE 4

SEU PROFESSOR VAI CONTAR O COMEÇO DA HISTÓRIA DE UMA FAMÍLIA DIFERENTE.

A FAMÍLIA LÁ NO CÉU

ERA UMA VEZ UMA FAMÍLIA QUE EXISTIA LÁ NO CÉU.

O PAI ERA O SOL, A MÃE ERA A LUA E OS FILHINHOS ERAM AS ESTRELAS. OS AVÓS ERAM OS COMETAS E O IRMÃO MAIS VELHO ERA O PLANETA TERRA.

UM DIA APARECEU...

INVENTE UM FINAL PARA A HISTÓRIA QUE O PROFESSOR CONTOU. DESENHE.

FICHA 4 — UNIDADE 2

FICHA 1 MEUS AMIGOS

UNIDADE 3 AMIGOS

1 DESENHE UM MUNDO CHEIO DE AMIGOS.

2 COMO SERIA O MUNDO SEM AMIGOS? DESENHE.

1 RECORTE OS QUADRINHOS.

UNIDADE 3 — AMIGOS
FICHA 2 — A HISTÓRIA

2 COLE OS QUADRINHOS NA SEQUÊNCIA CERTA. DEPOIS, CONTE A HISTÓRIA.

FICHA 2

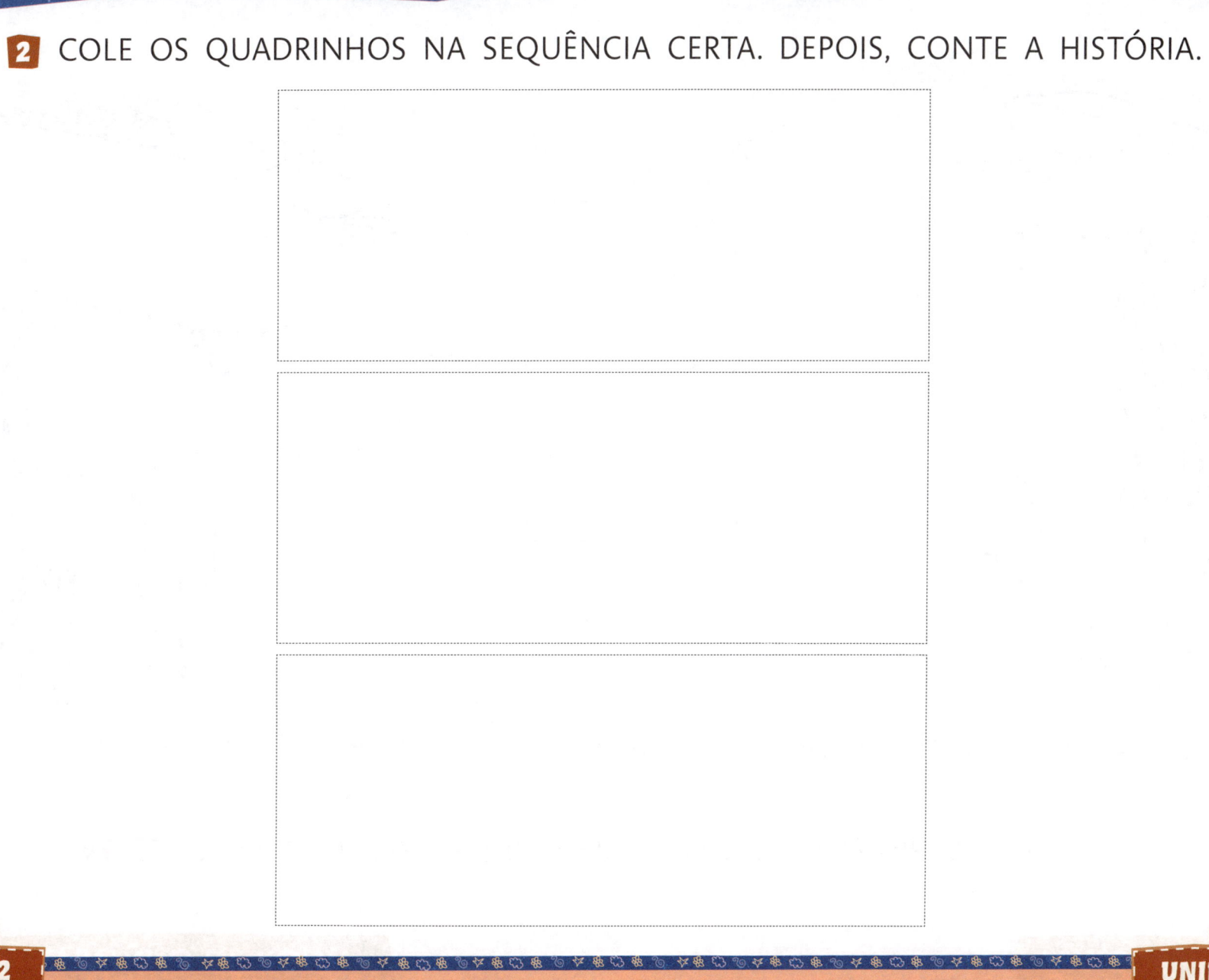

UNIDADE 3

UNIDADE 3

FICHA 3 CANTIGAS DE RODA

AMIGOS

1 ESCOLHA O NOME DE UM AMIGO PARA COMPLETAR A CANTIGA.

A CANOA VIROU

POR DEIXAREM-NA VIRAR.

FOI POR CAUSA DA (DO) _____

QUE NÃO SOUBE REMAR.

2 ESCOLHA O NOME DE UM AMIGO PARA COMPLETAR A CANTIGA.

SE EU FOSSE UM PEIXINHO

E SOUBESSE NADAR,

TIRAVA A (O) _____

LÁ DO FUNDO DO MAR.

FICHA 3

UNIDADE 3

1 COM ESTE NAVIO VOCÊ VAI FAZER UMA VIAGEM PARA UM LUGAR MUITO BONITO. PINTE O NAVIO.

UNIDADE 3 AMIGOS

FICHA 4 VIAGEM

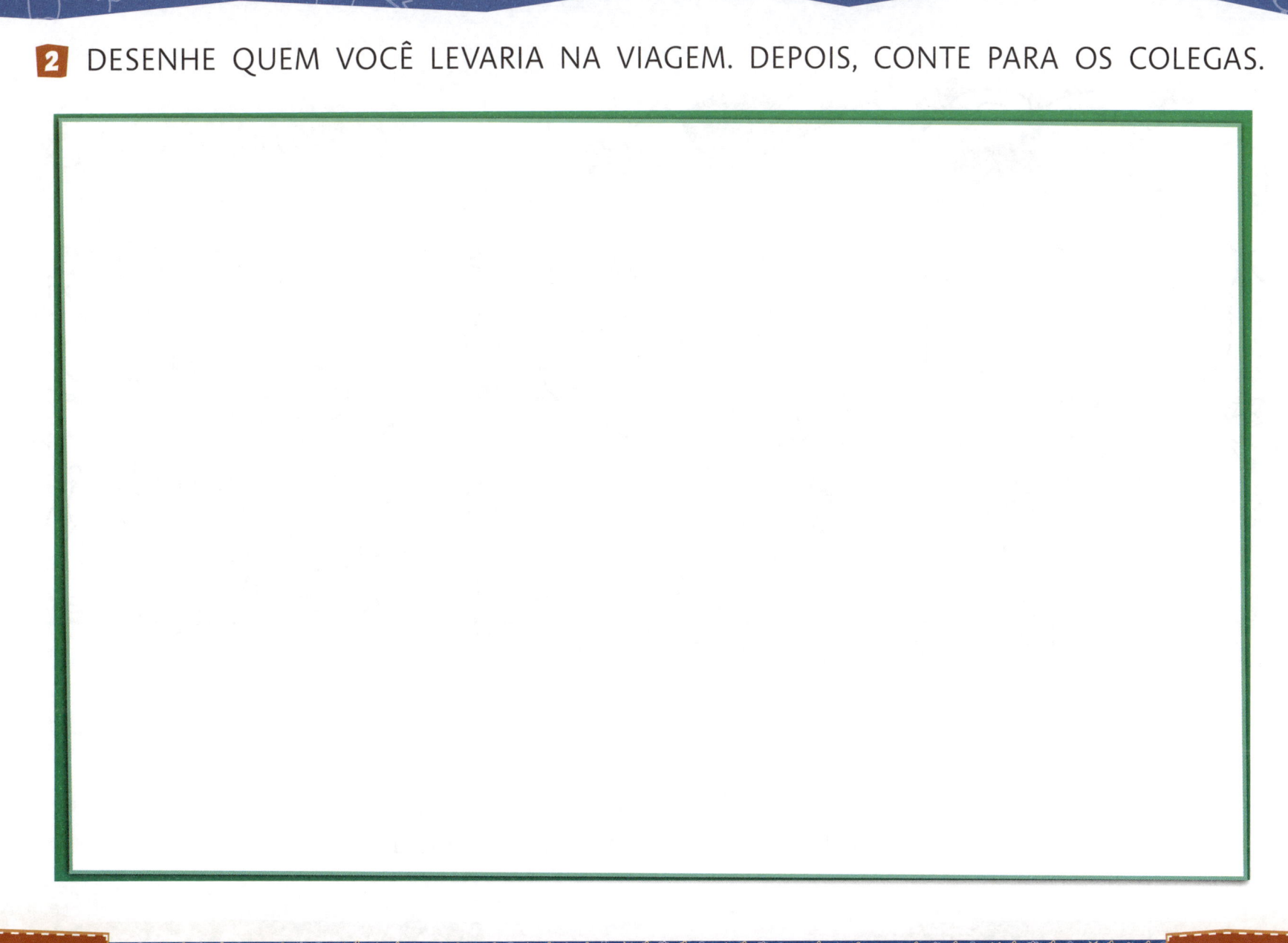

2 DESENHE QUEM VOCÊ LEVARIA NA VIAGEM. DEPOIS, CONTE PARA OS COLEGAS.

FICHA 4

UNIDADE 3

DESENHE O FINAL DESTA HISTÓRIA. DEPOIS, CONTE PARA SEUS COLEGAS.

CONTOS DE FADAS
UNIDADE 4

JOÃO E O PÉ DE FEIJÃO
FICHA 1

FICHA 1 UNIDADE 4

FICHA 2

PERSONAGENS DOS CONTOS

UNIDADE 4

CONTOS DE FADAS

SEU PROFESSOR VAI LER CONTOS DE FADAS.
LIGUE AS PERSONAGENS DESSES CONTOS AOS OBJETOS.

Desenhos somente representativos. As proporções não guardam relação com a realidade.

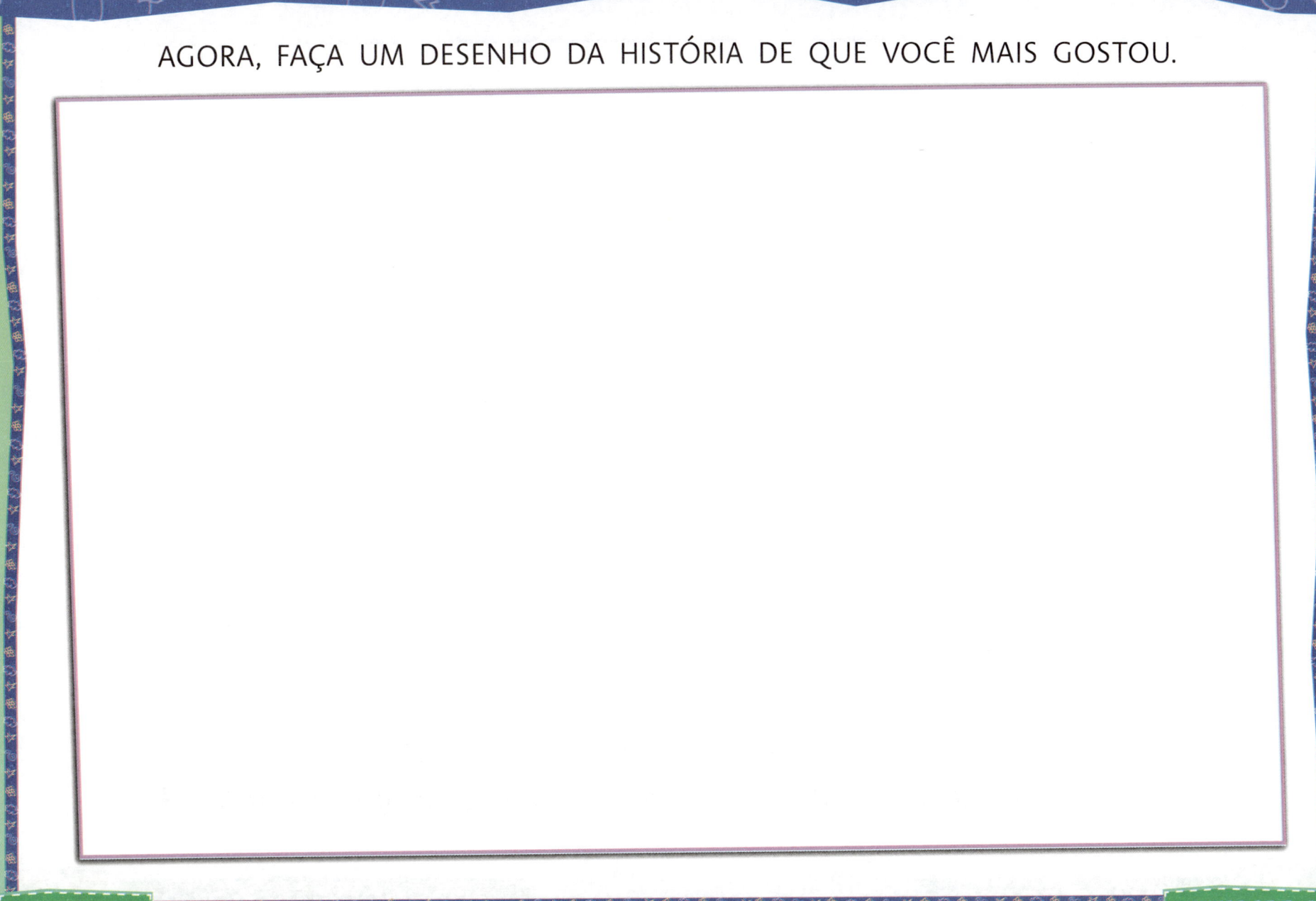

AGORA, FAÇA UM DESENHO DA HISTÓRIA DE QUE VOCÊ MAIS GOSTOU.

FICHA 2 UNIDADE 4

FICHA 3
EU SOU A PERSONAGEM

UNIDADE 4 — CONTOS DE FADAS

1. IMAGINE QUE VOCÊ É UMA PERSONAGEM DE UM CONTO DE FADAS. QUEM VOCÊ É? COMO VOCÊ É? DESENHE.

2 ONDE VOCÊ VIVE? DESENHE.

FICHA 3

UNIDADE 4

FICHA 4 — A PORTA SECRETA

UNIDADE 4 — CONTOS DE FADAS

1 ERA UMA VEZ UMA BRUXA QUE QUERIA ABRIR UMA PORTA SECRETA.

2 ELA ESPIAVA PELO BURACO DA FECHADURA.

3 UM DIA ELA ABRIU ESSA PORTA.

4 ELA E O GATO ENTRARAM.

5 NOSSA! QUE SURPRESA!
DESENHE E CONTE O QUE A BRUXA E O GATO VIRAM.

FICHA 4

UNIDADE 4

UNIDADE 5 VIAGENS

FICHA 1 UMA VIAGEM

VOCÊ GOSTA DE VIAJAR? CONTE PARA OS COLEGAS. PARA QUAL LUGAR VOCÊ GOSTARIA DE IR? DESENHE OU COLE UMA FOTO DO LUGAR.

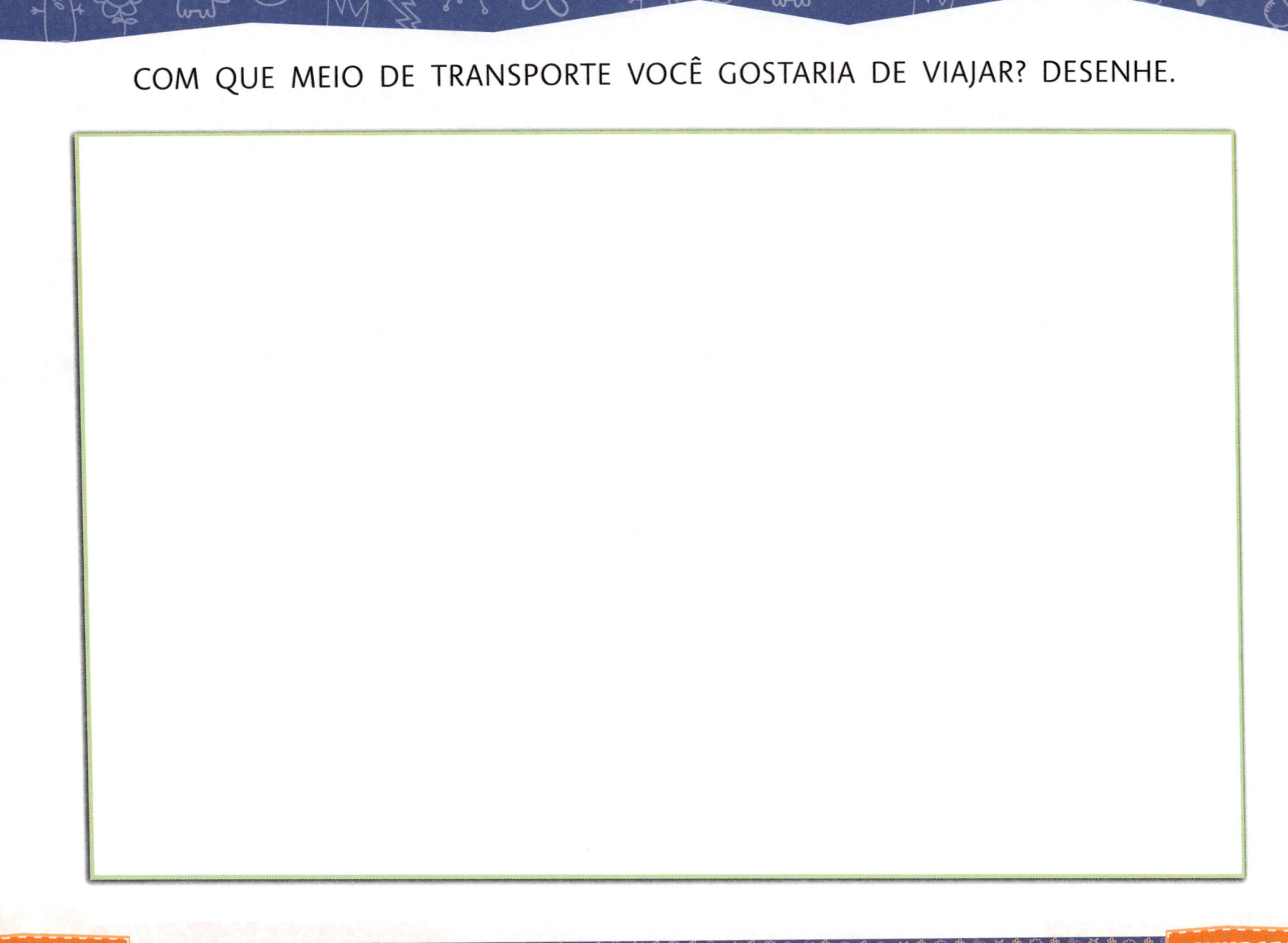

COM QUE MEIO DE TRANSPORTE VOCÊ GOSTARIA DE VIAJAR? DESENHE.

FICHA 1

UNIDADE 5

FICHA 2 O FIM DA HISTÓRIA

UNIDADE 5 VIAGENS

1 COMO VOCÊ ACHA QUE VAI TERMINAR ESTA HISTÓRIA?

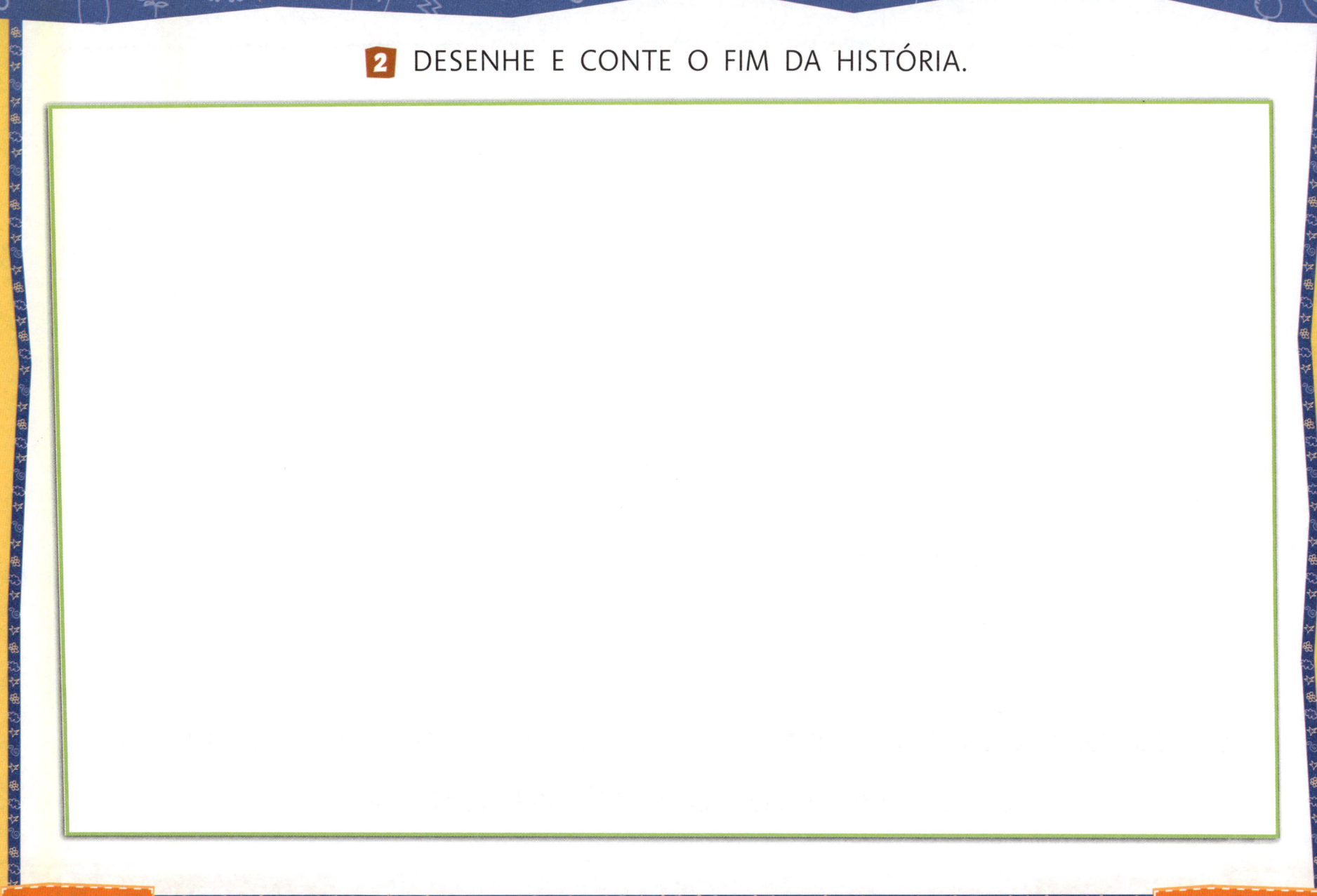

2 DESENHE E CONTE O FIM DA HISTÓRIA.

FICHA 2 — UNIDADE 5

FICHA 3
A HISTÓRIA

UNIDADE 5 — VIAGENS

OUÇA A HISTÓRIA QUE O PROFESSOR VAI CONTAR.

DESENHE O COMEÇO DA HISTÓRIA.

DESENHE O QUE ACONTECEU DEPOIS.

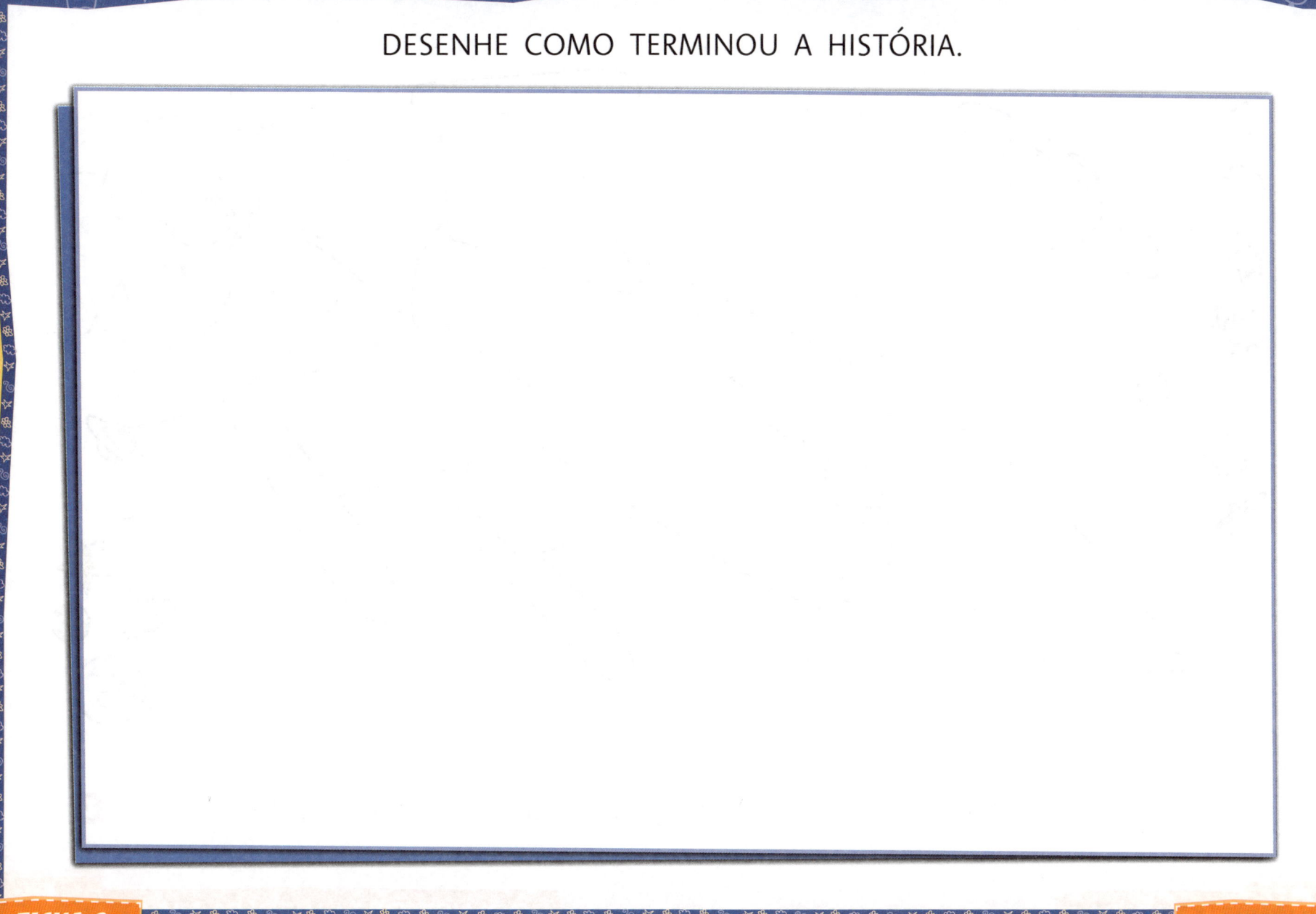

DESENHE COMO TERMINOU A HISTÓRIA.

FICHA 3

UNIDADE 5

UNIDADE 5 VIAGENS

FICHA 4 UMA VIAGEM PELO ESPAÇO

1 ESTE É UM FOGUETE. COM ELE, VOCÊ PODE FAZER UMA VIAGEM PELO ESPAÇO.

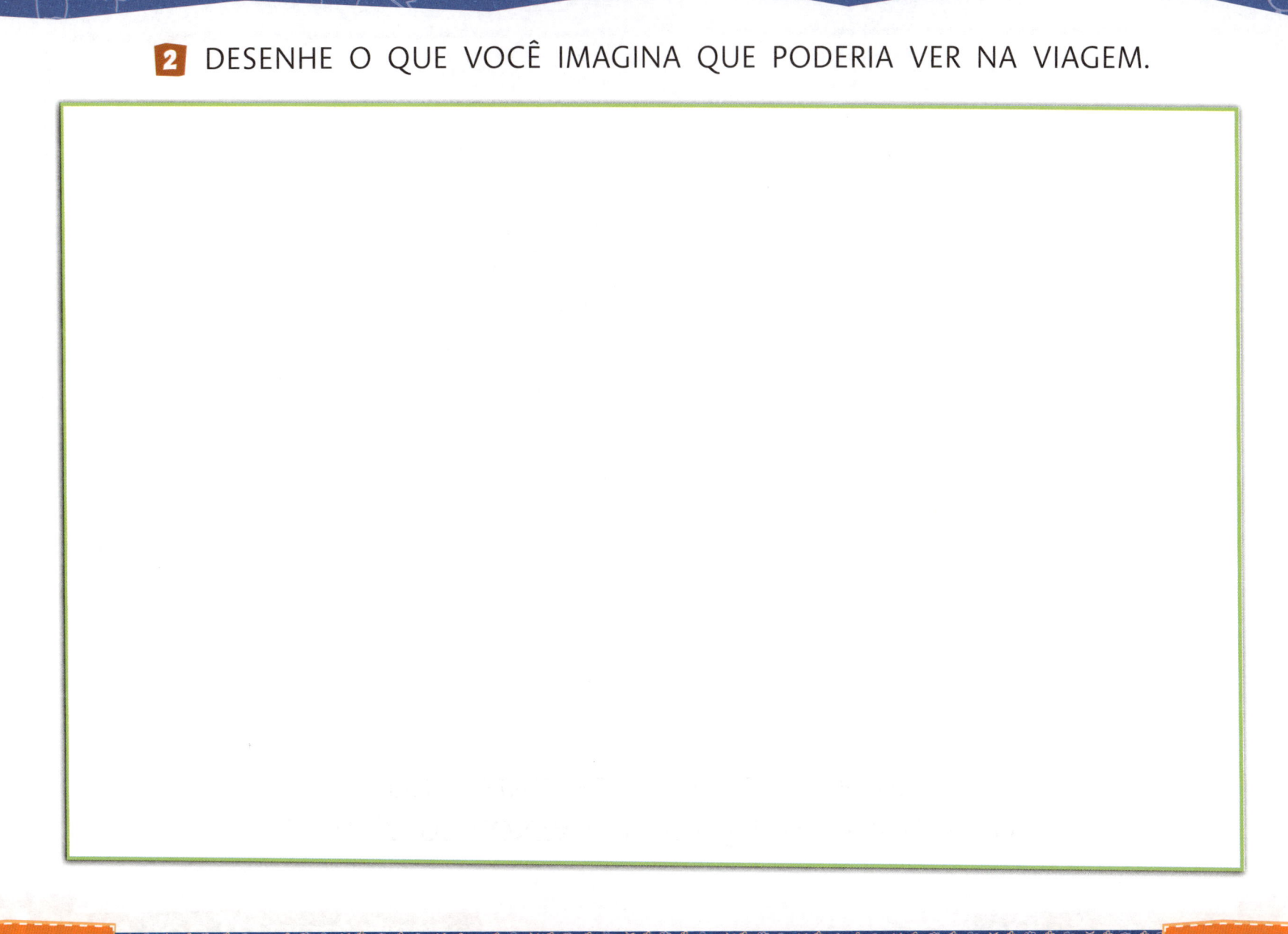

2 DESENHE O QUE VOCÊ IMAGINA QUE PODERIA VER NA VIAGEM.

FICHA 4 — UNIDADE 5

FICHA 1 — EU SOU A PERSONAGEM

UNIDADE 6 — BRINCADEIRAS

1 FAÇA DE CONTA QUE VOCÊ É UM BRINQUEDO. QUE BRINQUEDO VOCÊ É? DESENHE.

2 ONDE VOCÊ MORA?

3 QUEM BRINCA COM VOCÊ?

FICHA 1

UNIDADE 6

CONTE A HISTÓRIA DOS QUADRINHOS.

FICHA 2
A HISTÓRIA EM QUADRINHOS

UNIDADE 6
BRINCADEIRAS

3

4

FICHA 2

UNIDADE 6

UNIDADE 6

FICHA 3

BRINQUEDO PREFERIDO

BRINCADEIRAS

1 QUAL É O SEU BRINQUEDO PREFERIDO? DESENHE.

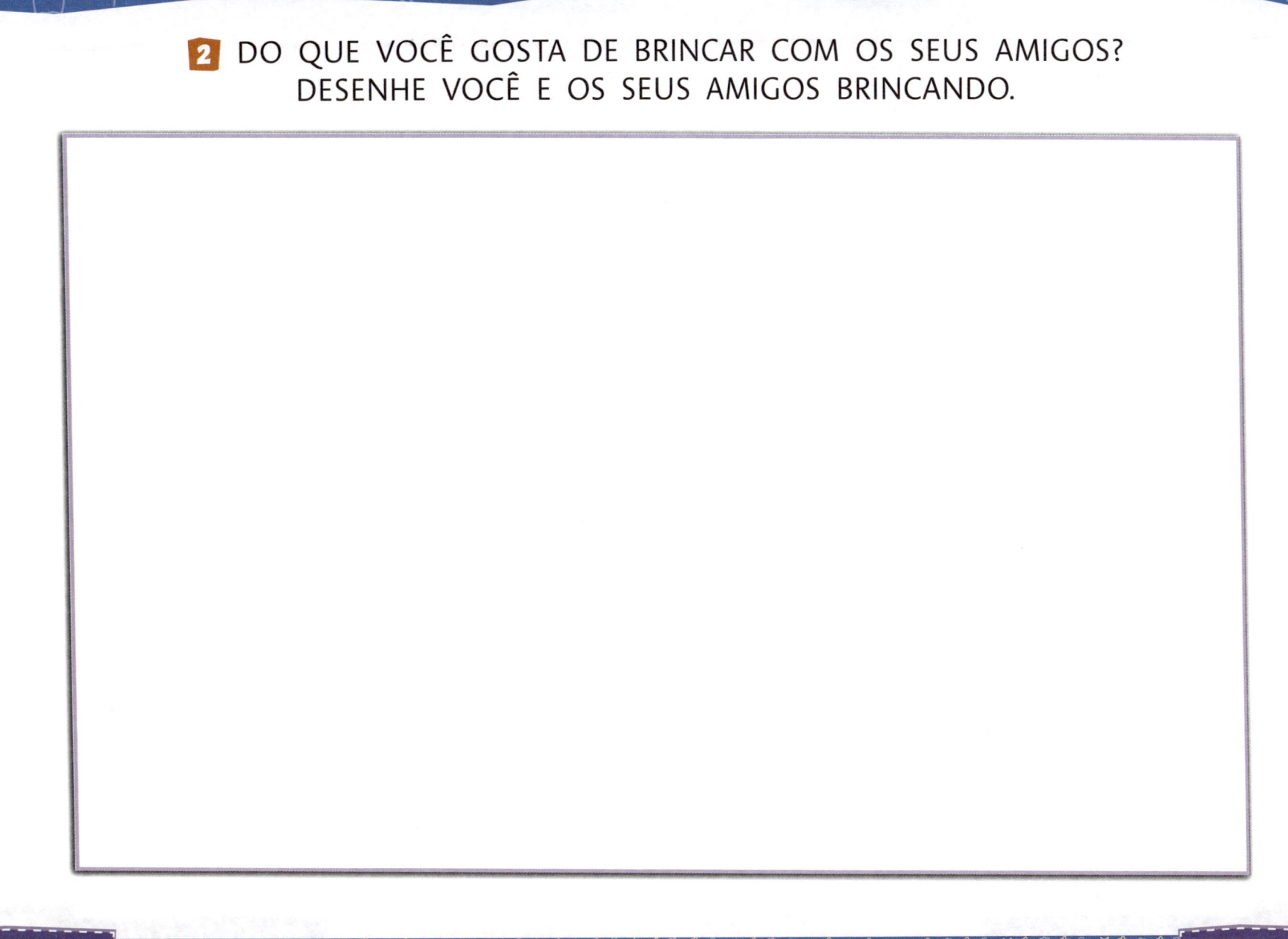

2 DO QUE VOCÊ GOSTA DE BRINCAR COM OS SEUS AMIGOS? DESENHE VOCÊ E OS SEUS AMIGOS BRINCANDO.

FICHA 3

UNIDADE 6

FICHA 4 — A HISTÓRIA
UNIDADE 6 — BRINCADEIRAS

OUÇA A HISTÓRIA QUE O PROFESSOR VAI CONTAR.
DESENHE COMO COMEÇOU A HISTÓRIA.

DESENHE COMO TERMINOU A HISTÓRIA.

FICHA 4 — UNIDADE 6

1 AS CRIANÇAS FIZERAM UM PASSEIO AO ZOOLÓGICO. PINTE O DESENHO.

UMA VISITA AO ZOOLÓGICO

FICHA 1

ANIMAIS

UNIDADE 7

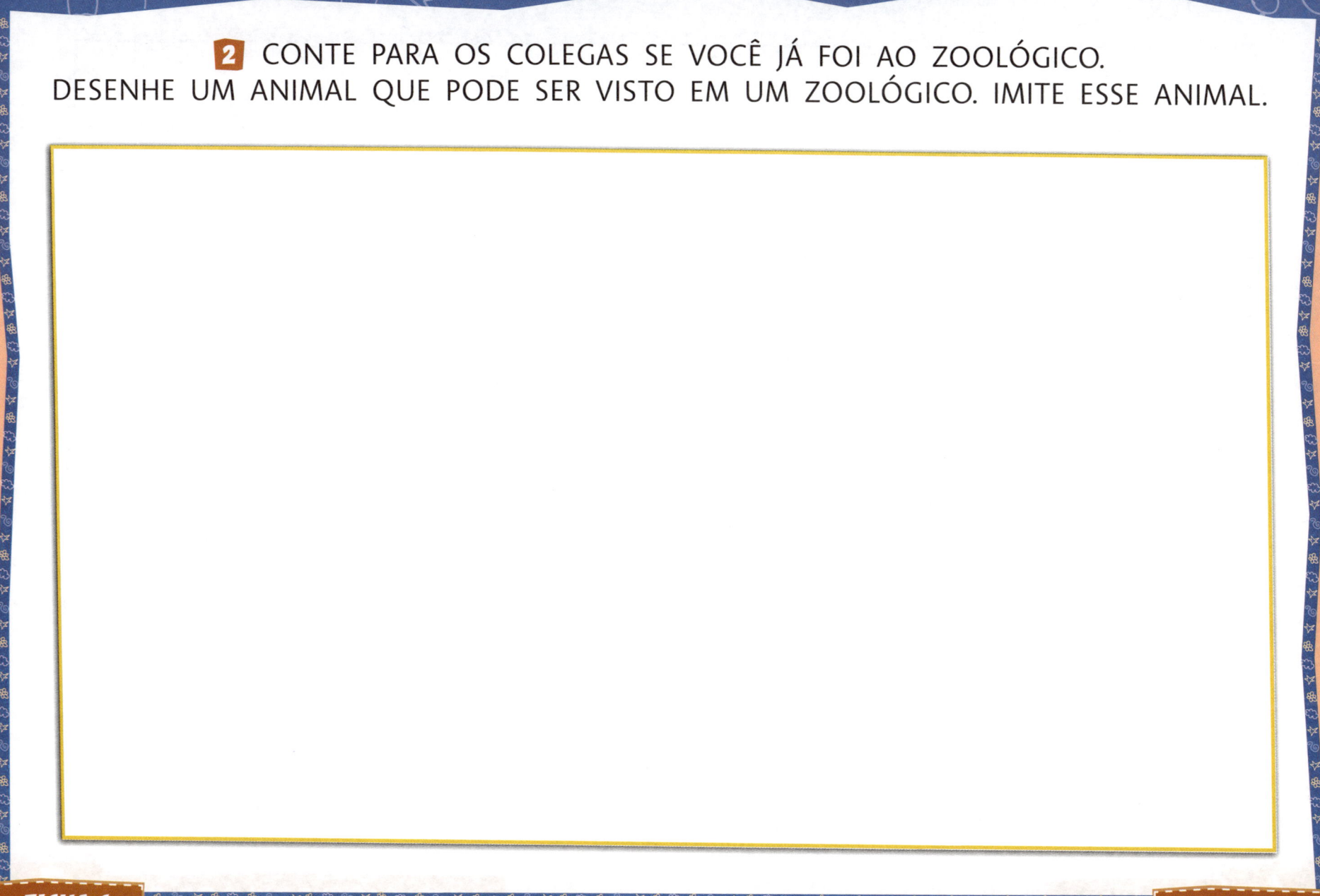

2 CONTE PARA OS COLEGAS SE VOCÊ JÁ FOI AO ZOOLÓGICO. DESENHE UM ANIMAL QUE PODE SER VISTO EM UM ZOOLÓGICO. IMITE ESSE ANIMAL.

FICHA 1

UNIDADE 7

FICHA 2 — EU SOU A PERSONAGEM

UNIDADE 7 — ANIMAIS

IMAGINE QUE VOCÊ É UM CACHORRO VIRA-LATA. CONTE SUA HISTÓRIA. DESENHE COMO VOCÊ É.

DESENHE O LUGAR EM QUE VOCÊ MORA.

FICHA 2

UNIDADE 7

FICHA 3 — HISTÓRIA DE UM ANIMAL

UNIDADE 7 — ANIMAIS

OS DESENHOS CONTAM A HISTÓRIA DA RAPOSA. CONTE ORALMENTE ESSA HISTÓRIA.

JÁ ACONTECEU COM VOCÊ UMA HISTÓRIA SEMELHANTE À DA RAPOSA? CONTE E DESENHE.

FICHA 3

UNIDADE 7

UNIDADE 7

FICHA 4 · ANIMAL DE ESTIMAÇÃO · ANIMAIS

1 VOCÊ TEM OU GOSTARIA DE TER UM ANIMAL DE ESTIMAÇÃO? DESENHE O ANIMAL E FALE SOBRE ELE.

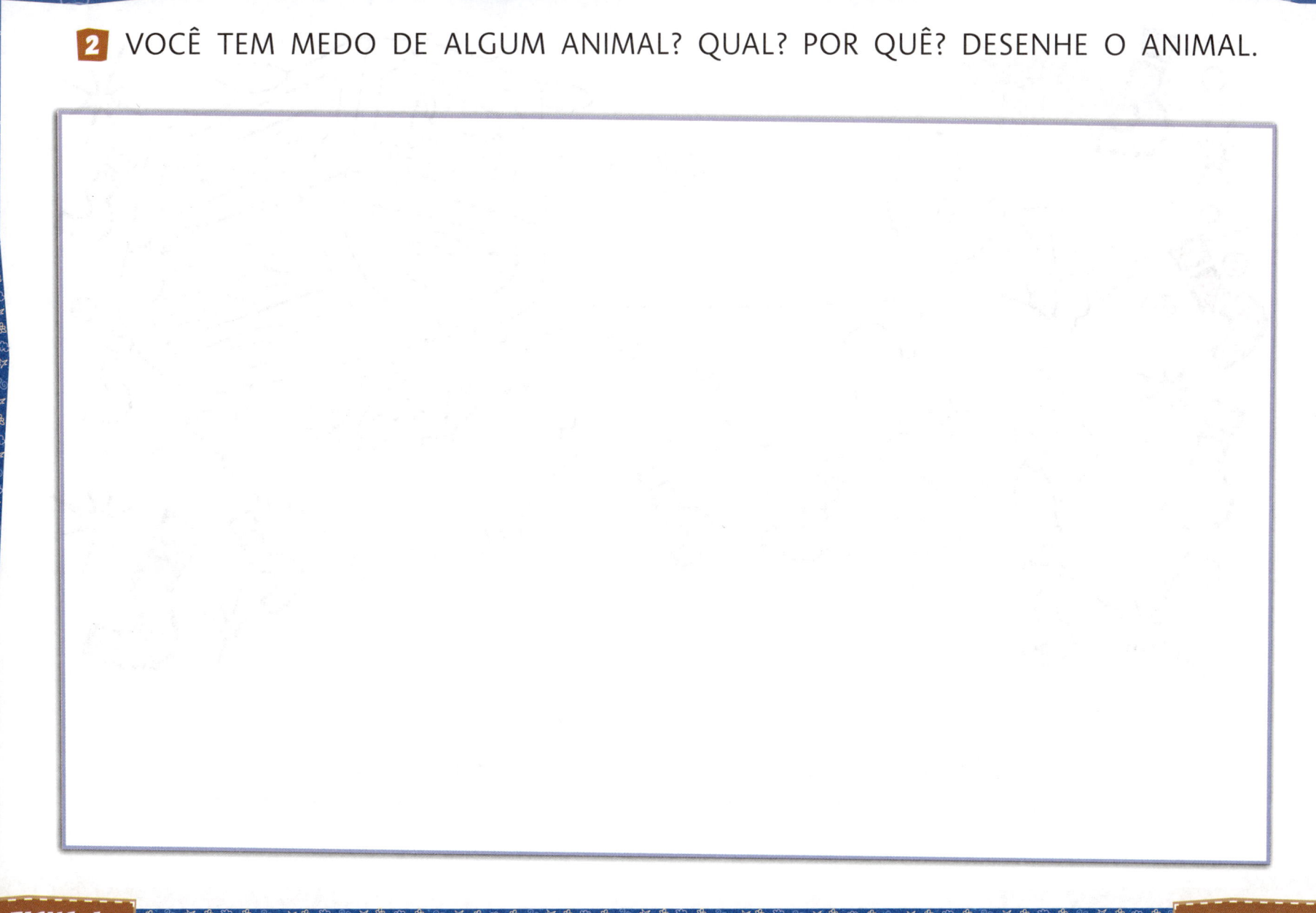

2 VOCÊ TEM MEDO DE ALGUM ANIMAL? QUAL? POR QUÊ? DESENHE O ANIMAL.

FICHA 4

UNIDADE 7

UNIDADE 8

DESCOBERTAS

FICHA 1 — O GAROTO CURIOSO

1 LÁ VEM UM GAROTO CURIOSO. O QUE SERÁ QUE ELE VAI ACHAR? UM TESOURO? OU COISAS DE ARREPIAR? BRRR... PINTE O DESENHO.

2 O GAROTO CURIOSO ABRIU O BAÚ DEVAGARINHO. O QUE ELE ENCONTROU LÁ DENTRO? DESENHE.

FICHA 1

UNIDADE 8

1 O QUE VAI ACONTECER **DEPOIS**? CONTE E DESENHE.

FICHA 2 ANTES E DEPOIS

UNIDADE 8 DESCOBERTAS

2 O QUE ACONTECEU **ANTES**? CONTE E DESENHE.

FICHA 2

UNIDADE 8

1 IMAGINE QUE VOCÊ É UM PALHAÇO. PINTE O DESENHO.

EU SOU A PERSONAGEM
FICHA 3

DESCOBERTAS
UNIDADE 8

2 CONTE E DESENHE ONDE VOCÊ TRABALHA E O QUE FAZ.

FICHA 3

UNIDADE 8

1 VEJA O OVO QUE O COELHINHO TROUXE PARA VOCÊ. É UM OVO MÁGICO. DENTRO DELE VOCÊ ENCONTRA COISAS QUE DESEJA. PINTE O DESENHO.

FICHA 4 — **MEUS DESEJOS**

DESCOBERTAS

UNIDADE 8

2 ABRA O OVO E DESENHE TUDO AQUILO QUE VOCÊ ENCONTROU DENTRO DELE.

FICHA 4 UNIDADE 8

ATIVIDADE LIVRE

ATIVIDADE LIVRE